Wilde Möhre
Seite 13

Riesen-Bärenklau
Seite 14

Weißklee
Seite 15

Weiße Taubnessel
Seite 19

Echte Kamille
Seite 20

Schafgarbe
Seite 21

Maiglöckchen
Seite 25

Schneeglöckchen
Seite 26

Echtes Johanniskraut
Seite 30

Springkraut
Seite 31

Hohe Schlüsselblume
Seite 32

Sonnenblume
Seite 36

Raps
Seite 37

Rote, blaue und unscheinbare Blüten
findest du auf den beiden letzten Seiten im Buch.

Ursula Stichmann-Marny

Mein erstes Was blüht denn da?

KOSMOS

Impressum

Mit 72 Farbillustrationen: 2 von **Marianne Golte-Bechtle/Kosmos** (S. 43, 47), 36 von **Dr. Rita Lüder** (S. 5, 13, 14 o., 16, 17, 19, 20 alle drei, 21 beide, 24, 25 beide, 27, 28, 29 beide, 30, 32, 33 beide, 34, 35, 39 beide, 42, 45, 48 beide, 53, 54 beide, 55 beide, 57) und 34 von **Kadie Schmidt-Hackenberg** (S. 10, 11, 12, 14 u. li., 15, 18 beide, 22 beide, 23 beide, 26, 31 alle drei, 36, 37 alle drei, 38, 40 beide, 41, 44, 46, 49, 50, 51 beide, 52, 56, 58, 59 beide). Die 6 Illustrationen auf den Seiten 17, 29, 30, 32, 45 und 55 li. wurden mit freundlicher Genehmigung des Quelle & Meyer Verlags GmbH & Co. aus dem Titel „Grundkurs Pflanzenbestimmung" von Frau Dr. Rita Lüder, durchgesehene und korrigierte Auflage 2005, abgedruckt.

Mit 32 Farbfotos: 1 von **Dr. Heiko Bellmann** (S. 47), 3 von **Hans E. Laux** (S. 12, 17, 24), 1 von **Alfred Limbrunner** (S. 46), 8 von **Dr. Rita Lüder** (S. 16, 26, 30, 35, 45, 50, 56, 58), 4 von **Manfred Pforr** (S. 36, 41, 49, 52), 2 von **Dr. Eckart Pott** (S. 8, 44), 7 von **Reinhard Tierfoto** (S. 6, 9, 11, 15, 32, 53, 57), 1 von **Christof Salata/Kosmos** (S. 34), 2 von **Frieder Sauer/Frank Hecker** (S. 38, 42), 1 von **Stefanie Tommes/Kosmos** (S. 7), 1 von **Klaus Wagner** (S. 10) und 1 von **Wolfgang Willner** (S. 2/3).

Mit zwei Symbolen (Blume, Lupe) von **Ekkehard Drechsel.**

Umschlaggestaltung von eStudio Calamar, Pau, unter Verwendung von drei Farbfotos (v. li. n. re.): Mädchen mit Sonnenblumen (Foto von Stefanie Tommes/Kosmos), Herbstzeitlose (Foto von Hans E. Laux), Löwenzahn (Foto von Hans E. Laux) und Feldblumenwiese oben (Foto von Manfred Pforr) und einer Illustration (Blumenstrauß) von Marianne Golte-Bechtle.

Bibliografische Information der Deutschen Bibliothek

Die Deutsche Bibliothek verzeichnet diese Publikation in der Deutschen Nationalbibliografie; detaillierte bibliografische Daten sind im Internet über http://dnb.ddb.de abrufbar.

Wichtige Hinweise für Eltern und Kinder

Vorsicht Fuchsbandwurm! In Gegenden, in denen der Fuchsbandwurm weit verbreitet ist, muss vor dem Verzehr von Pflanzen und Früchten besonders in Bodennähe gewarnt werden. Es besteht die Gefahr, dass Eier des Fuchsbandwurms an ihnen haften und dann mit aufgenommen werden. Eine schleichende, lebensbedrohliche Krankheit ist die Folge. Durch Waschen kann man die Eier nicht hundertprozentig entfernen. Eine Temperatur von 70 oder mehr Grad Celsius tötet sie dagegen innerhalb weniger Minuten ab. Einfrieren schadet ihnen dagegen nicht. Außerdem sterben sie beim Trocknen in etwa einer Woche.

Haftungsausschluss: Alle Angaben in diesem Buch erfolgen nach bestem Wissen und Gewissen. Sorgfalt bei der Umsetzung ist indes dennoch geboten. Der Verlag und die Autorin übernehmen keinerlei Haftung für Personen-, Sach- oder Vermögensschäden, die aus der Anwendung der vorgestellten Materialien und Methoden entstehen könnten.

KOSMOS Postfach 10 60 11
D-70049 Stuttgart
TELEFON +49 (0)711-2191-0
FAX +49 (0)711-2191-422
WEB www.kosmos.de
E-MAIL info@kosmos.de

Gedruckt auf chlorfrei gebleichtem Papier

ISBN 3-440-10156-8
Lektorat: Teresa Baethmann, Stefanie Tommes
Produktion: Johannes Geyer
Grundlayout: eStudio Calamar
Printed in Italy / Imprimé en Italie

Inhalt

Einleitung

Hallo, liebe Blumenfreundin und lieber Blumenfreund!

In diesem Büchlein möchten wir dir 50 besonders häufige Blumen vorstellen. Du findest sie auf Wiesen, in der Stadt, auf Feldern und im Wald. Manche Blüten sind so klein, dass du schon ganz genau hinschauen musst, um sie zu entdecken. Andere fallen dir schon aus der Ferne auf. Nur wenige – wie Enzian und Salbei – kannst du in bestimmten Landschaften finden.

Die **Farbleiste** am oberen Rand der Seiten hilft dir bei der Suche nach den verschiedenen Pflanzenarten. Eine rote Leiste bedeutet, dass hier die Blumen mit roter Blütenfarbe aufgeführt sind. Eine blaue Farbleiste fasst alle blau blühenden Blumen zusammen usw. Auf jeder Seite findest du außerdem noch folgende Zeichen:

Die sternförmigen Blüten des Leberblümchens siehst du schon im Frühling am Waldboden leuchten.

Die großen gelben Blüten der Sonnenblumen strahlen im Spätsommer mit dir um die Wette.

Bei dem Blumenzeichen steht beschrieben, welche Farbe und Form die Blüten und Blätter der Pflanze haben und ob der Stängel oder die Wurzel Besonderheiten aufweisen. Das alles zusammen sind die Merkmale der Pflanze.

Der Text bei dem Lupenbildchen verrät dir, wo du am besten nach der Pflanzenart suchst. Wächst sie eher im Wald oder auf der Wiese, mag sie die pralle Sonne oder lieber ein feuchteres Schattenplätzchen? Hier geht es also um den Standort der Pflanzen.

Die großen **Farbzeichnungen** zeigen dir, wie die Pflanze aussieht. Auf ihre wichtigsten Merkmale weisen kleine Striche mit erklärenden Worten. Es ist sicherlich am leichtesten, die Art mit Hilfe der Abbildung zu bestimmen. Allerdings zeigt das Bild nicht die tatsächliche Größe der

Pflanze. So sind Pflanzen, die gleich groß abgebildet sind, in Wirklichkeit unterschiedlich groß. Die Größenangaben unter dem Pflanzennamen verraten dir, wie groß die Pflanze wirklich ist. Zusätzliche Detailzeichnungen und Fotos geben dir weitere Hilfen und zeigen Besonderheiten.

Die orangefarbenen **„Schon gewusst?“**-Kästen verraten dir Spannendes und Witziges über die Pflanze. Bei **„Mach mit!“** und **„Unser Tipp“** findest du Rezepte und Anregungen zum Selber-Ausprobieren. Die **„Finger weg!“**-Kästen und der **Totenkopf** warnen dich vor giftigen und gefährlichen Pflanzen. Du solltest diese Warnhinweise unbedingt beachten!
Nur wenige der hier genannten Blumen stehen unter Naturschutz.
Die Enzian-Arten gehören dazu. Für sie gilt: „Anschauen immer, abpflücken nie!“ Die geschützten Blumen musst du stehen lassen, damit sich auch noch viele andere Menschen an ihnen erfreuen können.
Obendrein besteht die Gefahr, dass seltene Pflanzenarten ausgerottet werden.

Hast du den Sauerklee schon entdeckt?

Das Schönste und Auffälligste an den hier vorgestellten Pflanzen sind die Blüten. Sie locken Insekten an, die bereits mit Blütenstaub anderer Blüten derselben Art bepudert sind. So sorgen die Tiere mit dafür, dass die Blüten bestäubt werden und sich Samen entwickeln können. Aus den Samen wachsen dann wieder neue Pflanzen.

Rein in die Gummistiefel – raus in den Wald!

Es gibt auch Blumen, wie zum Beispiel die Sonnenblumen, die aus vielen kleinen Einzelblütchen zusammengesetzt sind. Alles zusammen nennt man dann auch Blütenstand. Bei der Sonnenblume, dem Gänseblümchen und dem Löwenzahn sind die einzelnen Blütchen sehr eng zusammengerückt in einem Körbchen.

Jetzt kannst du einfach loslegen und schauen, ob du die eine oder andere Blume in diesem Buch schon kennst oder draußen findest. Nimm das Buch mit in die Natur und suche nach den kleinen, bunten Schönheiten am Wegesrand. Ja, was blüht denn da? – Sicherlich wirst du nun schnell eine Blume bestimmen können. Viel Spaß dabei!

Das Buschwindröschen

blüht von März bis Mai und wird 5 bis 25 cm hoch.

Wenn der Winter vorbei ist und die Wälder noch kahl sind, öffnen sich die weißen Blütensterne der Buschwindröschen. Oft bilden sie dann am Waldboden ein ganzes Blütenmeer, das sich leicht im Frühlingswind wiegt. Achte mal auf die grünen Blätter: Sie wachsen immer zu dritt an einer Stelle des Stängels.

Du findest das Buschwindröschen, das man auch Anemone nennt, in Laubwäldern, Gebüschen, aber auch auf Wiesen in den Bergen .

Schon gewusst?

Das Buschwindröschen hat eine Art Vorratskammer unter der Erde. Pflanzenkenner nennen sie auch „Wurzelstock". In dieser Vorratskammer sind alle Stoffe, die es zum Wachsen braucht. Im Herbst lagert die grüne Pflanze dann wieder Nährstoffe für den nächsten Frühling in der Vorratskammer ein.

Schon gewusst?

Die Weiße Seerose hat ganz ungewöhnliche Schwimmblätter. Sie sind fest und biegsam zugleich und außerdem mit einer Schicht aus Wachs überzogen. Das ist ein guter Schutz gegen Sonnenbrand und starke Wellen. Die Blätter sind so stabil, dass sich Frösche darauf ausruhen können, ohne unterzugehen. Die Spaltöffnungen, mit denen die Pflanze atmet, befinden sich auf der oberen Blattseite. Klar: Die Unterseite liegt ja auf dem Wasser.

Die Weiße Seerose

blüht von Mai bis September und schwimmt flach auf dem Wasser.

Ihre weißen Blüten sind 15 cm groß und damit die größten unserer heimischen Blumen. Die grünen, fast kreisrunden Blätter wachsen an einem Stiel, der bis an den Boden reicht.

Die Blüte öffnet sich.

Schwimmblatt

Die weiße Seerose wächst in Weihern und Teichen, aber auch in langsam fließenden Flüssen und Bächen. Je nach Tiefe des Wassers, kann ihr Stängel einen halben Meter oder sogar bis drei Meter lang werden.

Die Walderdbeere

blüht von Mai bis Juni und wird 5 bis 20 cm hoch.

Die Walderdbeere ist die „wilde" Verwandte der Gartenerdbeere. Ihre Früchte sind viel kleiner, aber schmecken sehr lecker! Die Blüte besteht aus fünf weißen Blütenblättern. Die grünen Blättchen sitzen immer zu dritt an einem Stängel.

Meistens findest du die Walderdbeere auf Lichtungen in Laubwäldern und an Waldrändern. Die Böschungen an Waldwegen sind ebenfalls gute Fundorte.

Unser Tipp:

Es macht Spaß, einige Hände voll Walderdbeeren zu sammeln. Sie gehören zu den leckersten Wildfrüchten, weil sie viel Zucker enthalten. Nachdem du sie gewaschen hast, kannst du Eis und Süßspeisen damit verzieren und sie natürlich auch pur essen.

Mach mit!

Die Wilde Möhre gehört zu den Vorfahren unserer Möhre. Die Wurzel der Wilden Möhre hat zwar eine ähnliche Form wie die dicke Speise-Möhre, sie ist aber weiß und viel kleiner. Grabe einmal vorsichtig eine Wilde Möhre mit der Wurzel aus und rieche daran. Bestimmt kommt dir der Geruch ganz bekannt vor.

Die Wilde Möhre

blüht von Mai bis September und wird 30 bis 90 cm hoch.

Schau dir den Blütenstand einmal ganz genau an: Er besteht aus vielen winzig kleinen Blüten. Da die Stiele dieser einzelnen Blüten alle an der gleichen Stelle zusammengewachsen sind, nennt man den Blütenstand auch Dolde.

Speise-Möhre (links) und Wilde Möhre (rechts) im Vergleich

In der Mitte der Dolde befindet sich oft ein dunkelrotes Blütchen. Diese so genannte Mohrenblüte lockt Insekten an.

Die Wilde Möhre wächst fast überall auf Wiesen und an Straßenrändern. Auf einer ungemähten Wiese findest du sie bestimmt!

Der Riesen-Bärenklau

blüht von Juni bis September und wird 1 bis 3 m hoch.

Die Dolde wird bis über 50 cm breit.

Die Blätter sind bis zu 2 m lang.

Die Pflanze kann weit größer werden als du selbst.

Der Riesen-Bärenklau ist wirklich ein Riese. Er ist so groß, dass du ihn nicht übersehen kannst. Der Stängel kann bis zu 10 cm dick werden. Er ist innen hohl und außen mit vielen borstigen Haaren besetzt. Die grünen Blätter können sogar bis zu 2 m lang werden.

Am häufigsten wächst der Riesen-Bärenklau, den man auch Herkulesstaude nennt, an Bach- und Flussufern. Du kannst ihn aber auch an Straßenrändern finden.

Finger weg!

„Bitte nicht anfassen!" ist bei dieser Pflanze angesagt. Sie enthält gefährliche Stoffe. Wenn diese an die Haut kommen, bilden sich starke Rötungen und schmerzhafte Brandblasen. Der Riesen-Bärenklau ist ursprünglich bei uns nicht heimisch. Seine Heimat ist das Kaukasusgebirge.

Der Weißklee

blüht von Mai bis Oktober und wird 5 bis 20 cm hoch.

Den Weißklee hast du bestimmt schon einmal gesehen. Er hat ein bis zwei kugelige Blütenstände, die aus vielen einzelnen Blüten bestehen. Die nach unten weisenden Blütchen werden schon früh braun. Für Bienen und Hummeln sind die Kleeblüten wichtige „Nektar-Tankstellen".

Vor allem auf Wiesenflächen, die nur ab und zu gemäht werden, wächst der Weißklee in großen Mengen. Wenn du ein Kaninchen zu Hause hast, weißt du, wie gerne die Tiere den Klee mögen.

Mach mit!

Wer schaut am besten hin? Die Blätter des Weißklees bestehen aus drei einzelnen grünen Blättchen. Manchmal gibt es aber auch Kleepflanzen, die vier einzelne Blättchen haben. Doch du musst schon sehr genau hinschauen, um ein vierblättriges Kleeblatt zu entdecken. Das gilt als Glücksbringer!

Der Sauerklee

blüht von April bis Mai und wird 5 bis 15 cm hoch.

An seinen fünf weißen, zarten Blütenblättern kannst du den Sauerklee erkennen. Wenn du ganz genau hinsiehst, kannst du auf ihnen sehr zarte, rötliche Adern sehen. Seine grünen Blätter erinnern zwar an die Blätter des Weißklees, aber diese beiden Pflanzen sind nicht miteinander verwandt.

Den Sauerklee findest du meistens in größeren Gruppen in Laub- und Nadelwäldern. Er mag es gern schattig und feucht.

Schon gewusst?

Der Sauerklee kommt mit ganz wenig Licht aus. Nur im Schatten fühlt er sich wohl und breitet seine Blätter aus. Bei zu viel Licht klappt er seine Blättchen nach unten zusammen. Dadurch geben die Blätter weniger Wasser ab.

Der Waldmeister

blüht von April bis Mai
und wird 5 bis 25 cm hoch.

Unser Tipp:

Mit frischen Waldmeisterpflanzen kannst du eine leckere Bowle machen: Dazu musst du ihn allerdings pflücken, bevor er blüht. Du nimmst ein Sträußchen Waldmeister und hängst es in ein Bowlegefäß. In das Gefäß schüttest du einen Liter Apfelsaft und gibst 150 g Zucker oder Honig hinzu. Das Ganze sollte einige Stunden im Kühlschrank ziehen. Dann entfernst du das Sträußchen und gießt einen Liter sprudelndes Mineralwasser dazu, fertig!

An den unverzweigten Stielen des Waldmeisters bilden jeweils sechs bis acht schmale Blätter einen Kreis. Die winzigen Blüten an der Spitze des Stiels haben vier Blütenblättchen. Sie sehen aus wie ein weißes Kreuzchen.

Waldmeister findest du meistens in Laubwäldern, vor allem unter Buchen auf kalkreichem Boden. Die Pflanzen bedecken den Waldboden wie ein großer, grüner Teppich.

Die Zaunwinde

blüht von Juni bis Oktober und kann 3 m hoch ranken.

Die Zaunwinde kann etwas ganz Besonderes: Mit ihren beweglichen Trieben „windet“ sie sich um Zäune und Stängel von Sträuchern immer in Richtung Licht. Die bis zu 5 cm großen Blüten sehen aus wie „Elfenhütchen“.

Du kannst sie an Zäunen zwischen Gärten, aber auch in Hecken und Gebüschen finden. Manchmal breitet sie sich sehr schnell aus. Da sie andere Pflanzen überwuchert, gefällt das vielen Gärtnern gar nicht.

Mach mit!

Suche einmal eine Zaunwinde in deiner Nähe und stecke daneben einen Stock in die Erde. In den nächsten Tagen kannst du beobachten, wie sich die Pflanze Stück für Stück um den Stab windet. Das tut sie übrigens immer gegen den Uhrzeigersinn – also links herum.

Die Weiße Taubnessel

blüht von April bis Oktober und wird 20 bis 50 cm hoch.

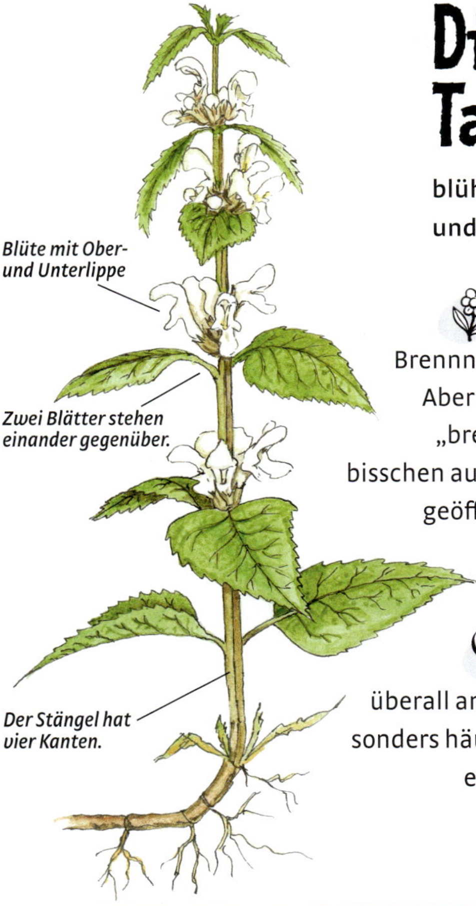

Ihre Blätter sehen denen der Brennnessel zum Verwechseln ähnlich. Aber sie sind „taub“, das bedeutet sie „brennen“ nicht! Die Blüte sieht ein bisschen aus wie ein Tiergesicht: Sie hat ein geöffnetes Maul mit einer Ober- und einer Unterlippe.

Taubnesseln begegnen dir überall an Weg- und Straßenrändern. Besonders häufig wachsen sie dort, wo früher einmal Schutt abgelagert wurde.

Mach mit!

Die Hummel holt den Nektar mit ihrem langen Rüssel tief aus der Blütenröhre. Probiere selbst einmal aus, ob du auch Nektar in der Blüte finden kannst. Zupfe vorsichtig eine Blüte heraus. Dann sauge hinten an der Blütenröhre. Na, schmeckst du etwas Süßes?

Eine Hummel holt den Nektar aus der Blütenröhre.

Die Echte Kamille

blüht von Mai bis September und wird 15 bis 50 cm hoch.

Das Blütenkörbchen der Kamille erinnert an das bekannte Gänseblümchen, aber die Pflanze ist viel größer und verzweigter. Bei der Echten Kamille sind die weißen Blüten etwas nach unten gebogen. An ihrem intensiven Duft kannst du die Art erkennen.

Am Rand mancher Getreidefelder findest du sowohl die Echte Kamille als auch ihre geruchlose „Schwester", die Falsche Kamille.

Mach mit!

Mit einem kleinen Experiment kannst du die Echte und die Falsche Kamille absolut sicher unterscheiden: Zerschneide die Blütenköpfe der Länge nach. Das Köpfchen der Echten Kamille ist hohl, das der Falschen Kamille ist gefüllt. Mache die Geruchsprobe: Zerreibe die Köpfchen zwischen zwei Fingern. Nur die Echte Kamille duftet aromatisch und „gesund" wie Kamillentee.

Blüten im Querschnitt: Echte Kamille mit hohlem, ...

... Falsche Kamille mit gefülltem Blütenköpfchen

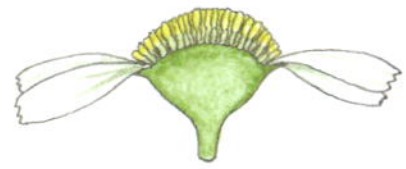

Schon gewusst?

Wie kam die Schafgarbe zu ihrem Namen? Schafe fressen sie besonders gern, allerdings nur die Blätter. Schau dich auf einer Wiese einmal genauer um. Findest du die Blüten der Schafgarbe auf völlig blattlosen Stängeln? Das ist ein sicheres Zeichen dafür, dass hier eine Schafherde entlangzog.

Die Schafgarbe

blüht von Juni bis Oktober und wird 15 bis 60 cm hoch.

Die großen Blütenstände bestehen aus vielen kleinen Blütenkörbchen. Jedes von ihnen enthält mehrere winzige Einzelblüten, die du nur mit einer Lupe richtig gut erkennen kannst. Die grünen Laubblätter sind stark zerschlitzt.

Du findest die Schafgarbe recht häufig auf trockenen Wiesen und Weiden, an Weg- und Straßenrändern, vor allem auf nur gelegentlich beweidetem Land.

Schafe fressen nur die Blätter der Schafgarbe, nicht die Blütenstände.

Das Gänseblümchen

kann das ganze Jahr über blühen und wird bis zu 15 cm hoch.

Wusstest du, dass die Blüte aus vielen winzig kleinen einzelnen Blütchen besteht? Die kleinen gelben Blüten sitzen dicht gedrängt im so genannten Körbchen. Die weißen Blütenblätter außen herum nennt man Zungenblüten.

Am häufigsten wächst das Gänseblümchen auf Wiesen, die nicht allzu oft gemäht werden. Dort kann es so dicht wachsen, dass Gräser dazwischen kaum noch Platz haben. Oft öffnen sich die Blütenkörbchen sogar im Winter.

Mach mit!

Aus den zahlreich vorkommenden Gänseblümchen kannst du eine hübsche Blumenkette oder einen Kranz basteln. Mache in der Mitte eines jeden Stiels einen kleinen Schlitz und ziehe jeweils einen anderen Stiel hindurch. So kannst du eine hübsche Kette anfertigen, um dich selbst oder den Tisch damit zu schmücken.

Mach mit!

Frage zum Spaß einmal deine Eltern, ob sie das Blütenorakel kennen. – Dabei stellst du eine Frage und zupfst dann eine weiße Zungenblüte nach der anderen aus: Einmal heißt es „ja“ und bei der nächsten Blüte heißt es „nein“. Die endgültige Antwort gibt dir die letzte Zungenblüte. Doch ob sie stimmt ...?

Die Margerite

blüht von Mai bis Oktober und wird 20 bis 90 cm hoch.

Da sie sich sehr schnell ausbreitet und dann eine ganze Wiese bevölkern kann, wird die Margerite auch Wucherblume genannt. Ähnlich wie beim Gänseblümchen sitzen die gelben Einzelblütchen zusammen in einem Körbchen.

Auf Wiesen und an Straßenrändern kannst du die Margerite manchmal „wuchern“ sehen. Sie wächst selten allein, sondern fast immer in größeren Gruppen. Hier kannst du dir einen schönen Blumenstrauß pflücken.

Das Blütenorakel: Ja – nein – ja ... Weiß die letzte Zungenblüte die Antwort?

Der Bärlauch

blüht von April bis Juni und wird 15 bis 50 cm hoch.

Beim Bärlauch – da gehe immer der Nase nach. Er verströmt einen sehr kräftigen Knoblauchgeruch, vor allem, wenn hunderte von Bärlauchpflanzen den Waldboden überziehen. Die einzelnen Blüten sehen aus wie kleine Sterne mit sechs weißen Strahlen. 10 bis 25 einzelne Blütchen bilden gemeinsam einen schönen Blütenstand.

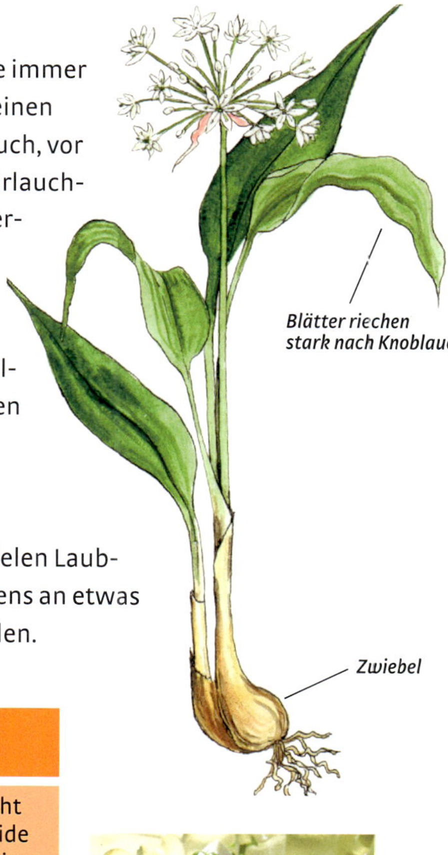

Die Pflanze wächst in vielen Laubwäldern. Sie steht dort meistens an etwas schattigen und feuchten Stellen.

Unser Tipp:

Ernte von Pflanzen, die noch nicht blühen, einige Blätter. Zerschneide sie in dünne Streifen und gib sie in eine Suppe, einen Salat oder in einen Kräuterquark. Mancher Feinschmecker mag den Bärlauch viel lieber als die Küchenzwiebel und den Knoblauch.

Das Maiglöckchen

blüht von Mai bis Juni
und wird 10 bis 25 cm hoch.

Du erkennst das Maiglöckchen an den zwei großen Blättern, lange bevor es blüht. Die Blüten sind an einem blattlosen Stiel aufgereiht und sehen aus wie kleine Glocken. Sie duften sehr angenehm.

Maiglöckchen gibt es fast in allen Laubwäldern, seltener jedoch unter Nadelbäumen. Sie blühen deutlich später als Scharbockskraut und Buschwindröschen.

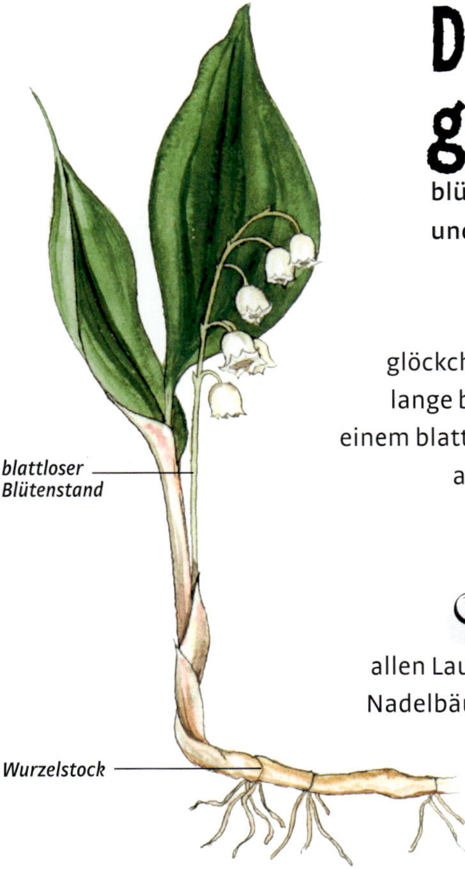

Finger weg!

Im Sommer treten an die Stelle der Blüten kleine rote Beeren. Sie sind recht auffällig und verlockend schön. Aber Finger weg! Auf keinen Fall probieren! Die Beeren sind giftig und für den Menschen gefährlich. Lass sie den Vögeln, denen das Gift nichts ausmacht.

Vorsicht: Die roten Beeren sind giftig!

Das Schneeglöckchen

blüht von Februar bis April und wird 5 bis 20 cm hoch.

Als erste Blumen überhaupt läuten die Schneeglöckchen mit ihren zarten, nickenden Blütenglöckchen den Vorfrühling ein. Oft liegt dann noch ringsum Schnee. Kein Wunder, dass jeder diese Blume kennt, der Schnee und Eis nichts ausmacht.

Das Schneeglöckchen wächst in den meisten Gärten. Manchmal kommt es auch verwildert oder von Natur aus wild wachsend vor. In manchen feuchten Laubwäldern und hausnahen Obstwiesen stehen viele tausend Schneeglöckchen dicht beisammen.

Schon gewusst?

Die Zwiebeln bilden sich schon im Vorjahr. Ebenso wie den Blättern und Blüten macht ihnen Frost gar nichts aus. Sie sind eine ideale Vorratskammer, in der Stoffe fürs Wachstum und zur Blüte lagern. Außerdem sind die Zwiebeln ganz wichtig für die Vermehrung der Schneeglöckchen.

Schon gewusst?

Das Scharbockskraut bringt nur selten Samen hervor. Für seine starke Vermehrung sorgen vielmehr unterirdische Knollen und die so genannten Brutknöllchen in den Achseln der Laubblätter. Das frische Kraut enthält übrigens reichlich Vitamin C und ist daher sehr gesund. Früher haben es die Menschen häufig als erstes Frühlingsgemüse gegessen.

Das Scharbockskraut

blüht von März bis Mai und wird 5 bis 15 cm hoch.

Das Scharbockskraut erkennst du an seinen dottergelben Blüten. Gemeinsam mit dem Buschwindröschen gehört es zu den ersten Frühlingsblumen im Wald. Die Blüten des Scharbockskrauts sehen aus wie Sternchen mit sechs bis zwölf Blütenblättern.

Es wächst vor allem in Laubwäldern. Du kannst das Scharbockskraut aber auch in Gärten und auf etwas beschatteten Wiesen finden.

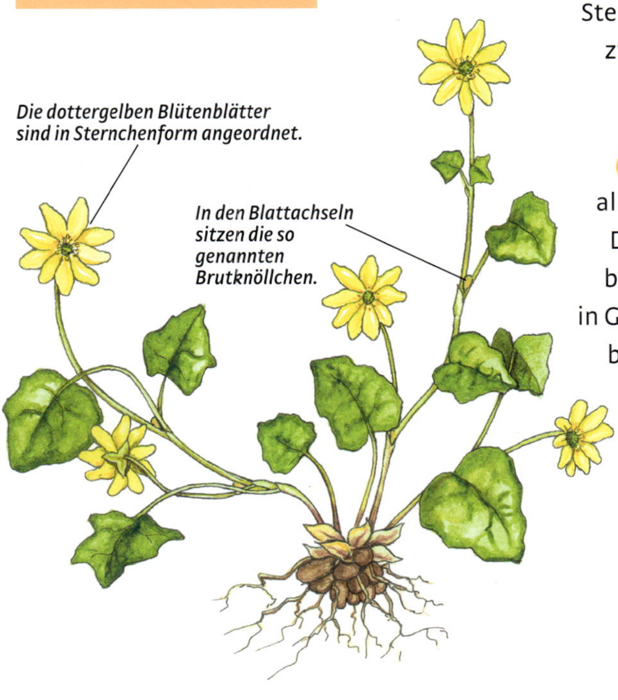

Der Hahnenfuß

blüht von Mai bis September und wird 30 bis 100 cm hoch.

Wegen seiner Blütenfarbe wird der Hahnenfuß auch „Butterblume“ genannt. Seine grünen Blätter erinnern an Vogelfüße. Es gibt verschiedene Hahnenfuß-Arten, und viele Mitglieder dieser Familie haben so eine Blattform.

Der Hahnenfuß wächst auf Wiesen und Weiden, an Straßen- und Wegrändern, oft in großen Mengen. Er wird von Kühen nicht gefressen.

Achte einmal auf die unterschiedlichen Blätter vom Kriechenden (links) und vom Scharfen Hahnenfuß (rechts).

Mach mit!

Beim genauen Hinsehen kannst du zwei verschiedene Hahnenfuß-Arten unterscheiden: eine größere, den Scharfer Hahnenfuß, und eine niedrigere, den Kriechenden Hahnenfuß. Versuche weitere Unterschiede zu erkennen. Wer hat die tiefer eingeschnittenen Blätter? Wer die größeren Blüten? – Übrigens: Beide Arten sind giftig!

Das Schöllkraut

blüht von April bis Oktober
und wird 30 bis 90 cm hoch.

Schon gewusst?

Weißt du, wie das Schöllkraut auf so merkwürdige Standorte wie Mauerspalten und Ritzen gelangt? – An seinen Samen hängen Ölkörperchen, die für Ameisen ein wahrer Leckerbissen sind. Die Tiere schleppen die Samen oft viele Meter weit fort. Lässt dann eine Ameise einen Samen in einen Mauerspalt fallen, kann daraus eine neue Pflanze wachsen.

Zur Blüte des Schöllkrauts gehören vier gelbe Blütenblätter. Wenn du einen Stängel abbrichst, kommt ein orangegelber Milchsaft aus dem Stängelende. Manche Leute meinen, man könnte damit Warzen wegätzen.

Die Pflanze wächst auf Schutt, an Hecken, an Wald- und Wegrändern. Oft findest du das Schöllkraut auch in Mauerspalten und Ritzen.

Das Echte Johanniskraut

blüht von Juni bis September und wird 30 bis 80 cm hoch.

Wenn du die kleinen, eiförmigen Laubblätter gegen das Licht hältst, erscheinen sie wie durchlöchert. In Wirklichkeit aber handelt es sich bei den „Löchern" um winzige Öldrüsen.

An Böschungen, Wegrändern und in Säumen von Hecken und Gebüschen ist das Echte Johanniskraut keine Seltenheit.

Aus der gelben Knospe kommt ein Saft, der sich rot verfärbt.

Mach mit!

Aus Gelb wird Rot: Mit einem kleinen Experiment kannst du anderen etwas „vorzaubern". Zupfe eine möglichst dicke Blütenknospe ab und zerreibe sie zwischen Daumen und Zeigefinger. Zurück bleibt ein roter Fleck. Er entsteht aus Stoffen, die zur Herstellung von wirksamen Ölen und Medikamenten dienen.

Das Springkraut

blüht von Juli bis Oktober
und wird 50 bis 100 cm hoch.

Mach mit!

Das Besondere am Springkraut sind die Samenkapseln. Wenn du besonders dicke Samenkapseln berührst und vorsichtig daraufdrückst, schleudern sie die Samen heraus. Menschen, Tiere oder Bewegungen durch den Wind sind also nötig, damit die Kapseln aufplatzen und sich die Samen möglichst weit verbreiten können.

Das Springkraut erkennst du an seinen großen gelben Blüten. Sie haben einen nach unten gebogenen Sporn. Jede Blüte hängt einzeln unter einem grünen Blatt wie unter einem Regenschirm.

Du findest diese Pflanze in feuchten Laubwäldern, aber auch an Quellen, Bächen und an nassen Waldwegen.

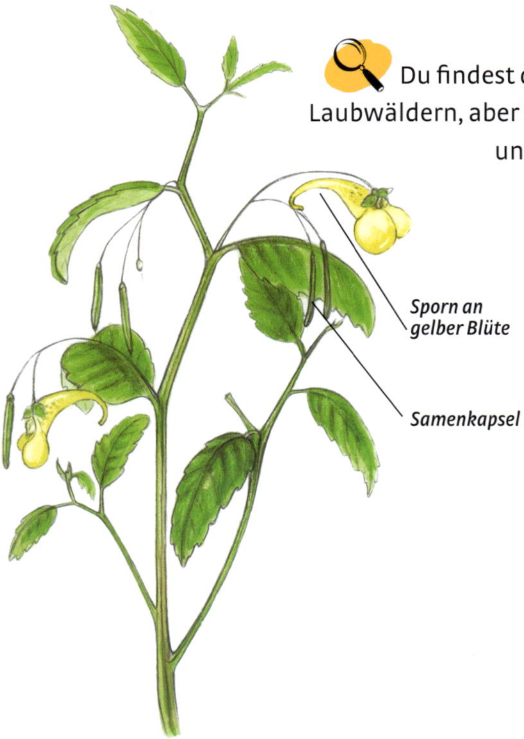

Die reife Kapsel (oben) schleudert bei Berührung die Samen heraus (unten).

Die Hohe Schlüsselblume

blüht von März bis Mai und wird 10 bis 30 cm hoch.

Die hellgelben Blüten der Hohen Schlüsselblume sehen aus wie Tellerchen an langen Stielen. Sie duften nicht. Die grünen Blätter entspringen direkt am Boden.

Du findest sie meistens in feuchten Laubwäldern, häufig am Rand von Gräben und Bächen.

Schon gewusst?

Die Hohe Schlüsselblume hat hellgelbe, nicht-duftende Blüten. Die Blüten der Echten Schlüsselblume sind dagegen dottergelb. Schlüsselblumen werden auch „Primeln“ genannt. „Primus“ ist lateinisch und heißt „der Erste“. Die Primeln gehören zu den ersten Blumen, die nach dem Winter blühen.

Die Nachtkerze

blüht von Juni bis September und wird 50 cm bis 1,50 m hoch.

Die Pflanze trägt zahlreiche 5 bis 6 cm große Blüten. Sie stehen dicht gedrängt unter- und nebeneinander am Stängel. Zuerst öffnen sich die unteren, und dann nach und nach die oberen Blüten. Um sie wirklich geöffnet zu sehen, musst du warten, bis es dunkel wird. Denn die Nachtkerze öffnet ihre Blüten nur in der Dämmerung. So finden auch nachtaktive Insekten Nektar.

Die Nachtkerze begegnet dir am häufigsten auf Schotter, auf Bahndämmen und alten Fabrikgeländen. Häufig wächst sie auch auf Schuttplätzen und sandigen Böden.

Mach mit!

Beobachte einmal die Entfaltung einer Blüte: Mit einer Stoppuhr kannst du überprüfen, wie lange es dauert, bis sich die Blüte vollständig geöffnet hat. Übrigens hält jede Blüte nur zwei Nächte lang, dann verwelkt sie.

Eine Blüte öffnet sich knisternd in wenigen Minuten.

Der Rainfarn

blüht von Juli bis September und wird 40 cm bis 1,50 m hoch.

Wie beim Gänseblümchen und bei der Kamille sitzen auch beim Rainfarn die winzigen Blütchen dicht gedrängt im Blütenkörbchen. Das einzelne Körbchen sieht aus wie ein gelber Knopf. Die grünen Blätter erinnern an Farnwedel. So kam der Rainfarn zu seinem Namen.

Du findest ihn fast überall an Wegrändern, auf Schuttplätzen und ungenutztem Land. Erst im Hochsommer steht er in voller Blüte.

Mach mit!

Wenn du einen Hund hast, kannst du ihm etwas Gutes tun: Schneide einige Stängel mit Blüten und Blättern ab. Lege sie eine Zeit lang in die Hundehütte oder in das Körbchen. Der Rainfarn hat einen starken, für diese Pflanze typischen Geruch. Er gilt als gutes Mittel gegen Ungeziefer, das sonst deinen Hund plagt.

Der Löwenzahn

blüht von April bis Oktober
und wird 5 bis 50 cm hoch.

Mach mit!

Suche dir eine Löwenzahnpflanze mit geschlossenen Körbchen. Markiere den Stiel mit einem roten Wollfaden. Wenn du täglich „deinen" Löwenzahn besuchst, kannst du miterleben, wie schnell aus ihm eine Pusteblume wird. In dieser Zeit wachsen die Stiele noch sehr. So kann der Wind die Samen mit den Schirmchen gut wegpusten.

Diese Pflanze kennst du bestimmt. Die Ränder der grünen Blätter des Löwenzahns erinnern an die großen Zähne eines Löwen. Der Stängel enthält einen weißen Milchsaft, und seine Wurzel wird sehr lang und dick. Es ist gar nicht so leicht, eine Löwenzahnpflanze mitsamt der Wurzel aus dem Boden zu ziehen.

Da der Löwenzahn häufig auf Kuhweiden wächst, nennt man ihn auch „Kuhblume". Du wirst ihn aber auch an Wegrändern und auf Wiesen finden.

Die Sonnenblume

blüht von Juli bis November und wird 1 bis 3 m hoch.

Diese große Pflanze wächst in einem einzigen Sommer vom kleinen Sonnenblumenkern zum stattlichen Riesen heran. Der Blütenkorb ist eine bis zu 40 cm große Scheibe. Sie dreht sich immer zur Sonne hin. So kam die Pflanze zu ihrem Namen.

Sonnenblumen wachsen in Gärten und auf Feldern. Sie sind zu echten Nutzpflanzen geworden, aus deren Kernen Öl und Margarine hergestellt werden.

Die reifen Samen sind ein Leckerbissen, nicht nur für Vögel!

Mach mit!

Pflanze im Frühling einige Sonnenblumenkerne 2 cm tief in große Blumentöpfe und stelle sie an einen sonnigen Platz. Wenn du die Erde schön feucht hältst und regelmäßig gießt, wirst du schon bald einen Trieb aus der Erde wachsen sehen. Beobachte einmal, wie schnell deine Sonnenblumen groß werden. Übrigens schmeckt das Innere der Kerne sehr lecker. Du kannst im Winter die Vögel im Garten damit füttern.

Der Raps

blüht im April und Mai
und wird 60 cm bis 1,20 cm hoch.

Wenn ein Rapsfeld blüht, kannst du es schon von Weitem leuchten sehen. Betrachte eine einzelne Rapsblüte einmal näher: Die vier Blütenblätter bilden ein gelbes Kreuz. Alle Blumen, bei denen du so ein Kreuz erkennen kannst, gehören zur Familie der Kreuzblütler.

Der Raps ist eine typische Feldpflanze. Doch manchmal kannst du ihn auch an Straßenrändern oder auf nicht genutztem Land finden.

Zerdrückte Samen hinterlassen Fettflecken.

Mach mit!

Wenn der Raps im Sommer reif ist, sammle einige Schoten. Öffne sie und lege die Samen auf ein Blatt Papier. Wenn du sie zerdrückst, bleiben Fettflecken zurück. Das liegt daran, dass die Samen sehr viel Öl enthalten. Aus den Rapssamen werden Margarine, Speiseöl und auch Treibstoff für Autos hergestellt. Den Rapsblüten und den fleißigen Bienen verdanken wir den Rapshonig.

Die Kuckucks-lichtnelke

blüht von April bis Juni und wird 30 bis 70 cm hoch.

Die rosaroten Blütenblätter der Kuckuckslichtnelke sehen stark ausgefranst aus. Ihre grünen Laubblätter sind schmal undstehen sich immer gegenüber.

Du findest die Kuckuckslichtnelke vor allem auf nassen Wiesen. Sie wächst aber auch an Wegrändern, die besonders feucht sind.

Im geöffneten Schaumtröpfchen erkennst du die Zikadenlarve.

Schon gewusst?

Häufig kannst du kleine Schaumtröpfchen an dieser Pflanze entdecken. Weißt du, von wem die Tröpfchen stammen? Sie sind das Nest eines kleinen Insekts, der Schaumzikade. In diesem Schaumnest, dem so genannten Kuckucksspeichel, wachsen die Zikadenlarven gut geschützt heran.

Der Klatschmohn

blüht von Mai bis Juli und wird 20 bis 90 cm hoch.

Mach mit!

Wer bastelt aus Naturmaterialien die fantasievollsten kleinen Figuren? Die runden bis eiförmigen Kapseln des Klatschmohns eignen sich besonders gut für Köpfe. Hast du bereits entdeckt, was in den reifen Kapseln raschelt? Es sind die Samen, die oben seitlich aus der Kapsel herausfallen.

Bestimmt hast du die leuchtend roten Mohnblüten schon einmal gesehen. Sie werden immerhin 6 bis 10 cm groß und haben in der Mitte einen schwarzen Fleck. Die geschlossenen Knospen hängen immer nach unten.

Früher, als der Bauer noch keine Spritzmittel gegen so genannte Ackerunkräuter hatte, wuchs der Klatschmohn überall zwischen dem Getreide. Heute siehst du ihn eher am Feldrand. Er wächst in großen Mengen auf frisch abgetragener oder aufgeschütteter Erde.

Aus der reifen Samenkapsel fallen seitlich die Samen heraus.

Das Waldweidenröschen

blüht von Juni bis August und wird 50 cm bis 1,80 m hoch.

Die weinroten Blüten des Waldweidenröschens sehen tatsächlich wie Röschen aus. Über 100 einzelne Blüten schmücken jede Stängelspitze. Die Pflanzen bilden oft ein einziges Blütenmeer. Sind die Blüten verwelkt, wachsen an den Stellen längliche Kapseln. Die Laubblätter sehen so ähnlich aus wie Weidenblätter, daher kommt der Name.

Das Waldweidenröschen ist ursprünglich an lichten Stellen im Wald zu Hause. Du kannst seine Blüten aber auch in der Stadt auf Grundstücken leuchten sehen, die gerade nicht genutzt werden.

Zunächst ist die Samenkapsel geschlossen (links).
Wenn die Samen reif sind, öffnet sie sich (rechts).

Schon gewusst?

Das Waldweidenröschen kann sich sehr schnell ausbreiten, wenn es irgendwo eine freie sonnige Stelle findet. In den rötlichen Kapseln der Pflanze reifen viele tausend Samen heran. Jedes Samenkorn hat einen Haarschopf und kann vom Wind kilometerweit weggetragen werden.

Finger weg!

Die Pflanze ist sehr giftig! Sie enthält Stoffe, die bewirken können, dass das Herz eines Menschen aufhört zu schlagen. Doch Forscher und Ärzte haben herausgefunden, dass diese Stoffe bei Menschen mit Herzschwäche auch sehr gut gegen diese Krankheit helfen können. Die Medikamente enthalten diese Stoffe aber nur in ganz geringen Mengen.

Der Rote Fingerhut

blüht von Juni bis August und wird 30 cm bis 1,50 m hoch.

Seinen Namen verdankt der Rote Fingerhut der Form seiner Blüte. Viele purpurrote Blüten sitzen am oberen Ende des Stängels, immer mit der Öffnung nach unten. Im Inneren der Blüten siehst du rotviolette Flecken mit einem weißen Rand. Das sind die so genannten Saftmale. Wie Verkehrsschilder zeigen sie den Insekten den Weg zum Nektar.

Den Roten Fingerhut findest du vor allem in den Mittelgebirgen. Er wächst auf Waldlichtungen von Laub- und Nadelwäldern.

Hummeln sind gern gesehene Blütenbesucher des Fingerhuts.

Die Herbstzeitlose ☠

blüht von August bis Oktober und wird 5 bis 20 cm hoch.

Wenn im Herbst die meisten Blumen bereits verwelkt sind, öffnen sich die Blüten der Herbstzeitlose. Sie sehen aus wie Krokusse, die du im Frühling aus dem Garten kennst. Die großen grünen Laubblätter der Herbstzeitlose sprießen erst im Frühling aus der Erde.

Du wirst diese Pflanze in Norddeutschland wahrscheinlich vergeblich suchen. Im Süden Deutschlands findest du sie noch auf vielen Wiesen. Allerdings ist die Herbstzeitlose auch dort nicht mehr so häufig wie früher.

Finger weg!

Die Herbstzeitlose ist sehr giftig! Fasse weder die Blätter noch die Samenkapseln an! Wenn ein Mensch nur ein bis fünf Samen isst, kann er daran sterben. Selbst Kühe machen einen großen Bogen um die Herbstzeitlose. Nur Ziegen und Schafe fressen sie. Ihre Milch kann danach allerdings noch Spuren des Giftes enthalten.

Mach mit!

Die Blätter der Pestwurz sind größer als fast alle anderen Blätter unserer heimischen Pflanzen. Die Pflanze wird auch „Wilder Rhabarber" genannt. Beim Spielen kannst du dir aus einem solchen Blatt sogar einen Sonnenhut machen: Dazu musst du nur einen Teil des Blattstängels durch das Blatt ziehen.

Die Pestwurz

blüht von März bis Mai
und wird 20 cm bis 1 m hoch.

Die Blütenstände bestehen aus zahlreichen rötlichen Blütenkörbchen. Sie sind besonders auffällig, weil sie sich im Frühling früher entfalten als die Laubblätter. Dafür sind die Blätter im Sommer wegen ihrer Größe kaum zu übersehen.

Die Pestwurz wächst vor allem an Ufern von Bächen und Flüssen. Du kannst sie aber auch an nassen Stellen im Hügel- und Bergland finden. Im flachen Land ist die Pflanze seltener.

Das Leberblümchen

blüht von März bis Mai und wird 5 bis 15 cm hoch.

Diese Pflanze erkennst du an ihren sternförmigen blauen Blüten. Die dunkelgrünen Blätter sind sehr fest und fühlen sich fast so an wie Leder. Das Leberblümchen behält auch über den Winter seine Blätter, die sich dann allerdings oft bräunlich verfärben.

Das Leberblümchen findest du in Laubwäldern. Doch du musst genau hinschauen: Zwischen dem braunen Laub ist es leicht zu übersehen.

Schon gewusst?

Die Form der grünen Blätter erinnert ein wenig an die Form der menschlichen Leber. So kam das Leberblümchen zu seinem Namen. Im Mittelalter glaubten die Menschen, dass diese Pflanze Leberleiden heilen kann.

Schon gewusst?

Der Nektar des Wald-Veilchens befindet sich im Sporn. Nur die Insekten, die einen langen Saugrüssel haben, können davon trinken. Damit die Blütenbesucher die süße Kost leichter finden, zeigen ihnen feine dunkle Linien auf der Innenseite der Blüten den Weg.

Die wilden Veilchen

blühen von März bis Mai
und werden 5 bis 20 cm hoch.

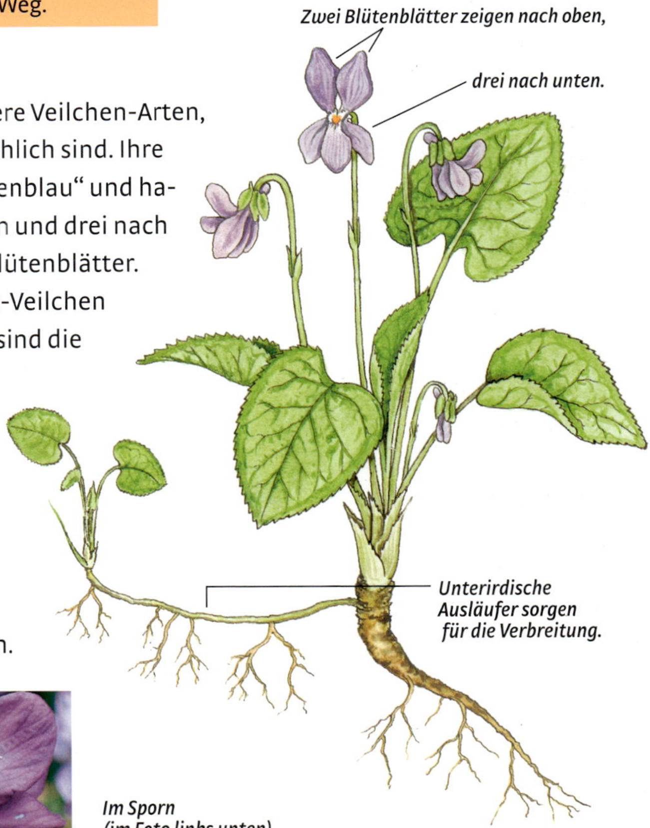

Es gibt mehrere Veilchen-Arten, die einander sehr ählich sind. Ihre Blüten sind „veilchenblau" und haben zwei nach oben und drei nach unten gerichtete Blütenblätter. Während das März-Veilchen angenehm duftet, sind die anderen duftlos.

Das Wald-Veilchen wächst in Laubwäldern, das März-Veilchen meistens in Hecken.

Im Sporn (im Foto links unten) der Blüte befindet sich der Nektar.

Der Stängellose Enzian

blüht von Mai bis August und wird 5 bis 10 cm hoch.

Dieser Enzian hat große blaue Blüten, die an einem sehr kurzen Stiel sitzen. Die grünen länglichen Laubblätter liegen kreisförmig um den Stiel auf dem Boden.

Die Heimat des Stängellosen Enzians sind die Alpen. Dort kannst du ihn auf Gebirgsrasen und zwischen Geröll und Steinen finden. Doch er ist leider inzwischen sehr selten geworden.

Die Alpen sind das Zuhause des Stängellosen Enzians.

Schon gewusst?

Auf der ganzen Welt gibt es rund 500 Verwandte des Stängellosen Enzians. Aber nur 22 davon wachsen bei uns. Die meisten findest du in den Alpen, einige aber auch in den Mittelgebirgen. Wenn du einen entdeckst, darfst du ihn nicht pflücken, denn diese Pflanzen stehen unter Naturschutz!

Schon gewusst?

Wildbienen und Hummeln besuchen die Glockenblumen aber nicht nur, um Nektar zu sammeln. Die bauchigen Blüten werden gerne als Schlafplatz für die Nacht genutzt. Gehe an einem lauen Sommerabend einmal hinaus auf eine Wiese, vielleicht kannst du ein verschlafenes Bienchen sehen?

Die Wiesen-Glockenblume

blüht von Mai bis Juli und wird 20 bis 50 cm hoch.

Die Wiesen-Glockenblume erkennst du an ihren blauvioletten Blüten, die sich an den Spitzen der Seitentriebe befinden. Die Blüten sind nur tagsüber bei schönem Wetter geöffnet. Sie locken Bienen und Hummeln an, die es tief in der Blüte auf den Nektar abgesehen haben.

Vor allem auf Wiesen und an Wegrändern findest du die Wiesen-Glockenblume und ihre zahlreichen Verwandten. Du kannst Glockenblumen aber auch in Gärten wachsen sehen.

Diese Wildbiene hat sich zum Schlafen in der Blüte zusammengerollt.

Die Wegwarte

blüht von Juli bis September und wird 20 cm bis 1,20 m hoch.

Besonders auffällig sind die schönen himmelblauen Blüten der Wegwarte. Ähnlich wie beim Löwenzahn sitzen auch bei ihr viele kleine Einzelblüten in einem Körbchen. Alte Erzählungen beschreiben diese Blumen als traurige Augen eines jungen Burgfräuleins, das am Wegesrand auf ihren Geliebten wartet. Siehst du eine Ähnlichkeit?

Wo du die Wegwarte finden kannst, verrät dir schon ihr Name. Sie wächst vor allem an Weg- und Straßenrändern. Du kannst sie aber auch auf Viehweiden finden.

Die Blüten der Wegwarte sind nur in der ersten Hälfte des Tages geöffnet.

Mach mit!

Wenn du eine Wegwarte findest, besuche sie regelmäßig zur gleichen Zeit am Morgen und am Mittag. Dann kannst du beobachten, dass sich die Blüten bei schönem Wetter gegen neun Uhr morgens öffnen und sich bereits mittags wieder schließen.

Schon gewusst?

Heute sind Kornblumen selten. Warum? Inzwischen wird das Getreidesaatgut säuberlich von allen Wildblumensamen gereinigt. Die Getreidefelder werden zusätzlich mit chemischen Stoffen behandelt, die Wildkräuter wie die Kornblume gar nicht erst groß werden lassen.

Die Kornblume

blüht von Juni bis September und wird 20 bis 90 cm hoch.

Die Kornblume erkennst du an den blauen äußeren Blüten, die wie ein Strahlenkranz aussehen. Doch es handelt sich dabei nur um so genannte Scheinblüten. Sie sollen nektarsuchende Insekten anlocken. Die eigentlichen Blüten sitzen in der Mitte dicht gedrängt im Blütenkörbchen.

Früher gab es in Getreidefeldern auch immer Kornblumen. Doch heute findest du sie dort nur noch selten. Dafür sieht man diese wunderschönen blauen Blumen immer häufiger in Gärten und Parkanlagen, wo sie allerdings ausgesät werden.

Bunte Feldblumen – Klatschmohn, Margerite und Kornblume – auf einer Blumenwiese

Das Lungenkraut

blüht von März bis Mai und wird 10 bis 30 cm hoch.

Nebeneinander findest du auf einem Blütenstängel des Lungenkrauts sowohl hellrosa als auch blauviolette Blüten. Die grünen Laubblätter sind rau behaart und manchmal hell getupft.

Das Lungenkraut wächst zusammen mit vielen anderen früh blühenden Pflanzen in manchen Buchen- und Eichenwäldern.

Die rosa Blüten sind immer die jüngeren.

Schon gewusst?

Die verschiedenfarbigen Blüten erleichtern Insekten die Suche nach Nektar: Die helleren rosafarbenen Blüten sind gerade erst aufgeblüht, hier findet eine durstige Hummel bestimmt noch viel Nektar. Die dunkleren violetten Blüten dagegen sind schon länger geöffnet. Hier gibt es wahrscheinlich kaum noch Nektar, weil schon viele Hungrige ihren Appetit daran gestillt haben.

Mach mit!

Pflücke einen Stängel und halte ihn gegen das Licht. Wenn du den Stängel langsam zwischen Daumen und Zeigefinger drehst, fühlst und siehst du an zwei Seiten des Stängels feine Härchenreihen. An diesen Härchenreihen kannst du den Gamander-Ehrenpreis von seinen Verwandten unterscheiden.

Der Gamander-Ehrenpreis

blüht von April bis Juni
und wird 10 bis 30 cm hoch.

Du kannst den Gamander-Ehrenpreis an seinen vier kleinen tiefblauen Blütenblättern bestimmen. Das untere Blütenblatt ist kleiner als die anderen. Die Blüten sind kurzlebig. Täglich öffnen sich neue Knospen.

Der Gamander-Ehrenpreis wächst sehr zahlreich an Wegrändern, auf Wiesen und an Waldrändern.

Am Stängel sitzen feine Härchen, die in zwei Reihen angeordnet sind.

Die Klette

blüht von Juli bis September und wird 50 cm bis 1,50 m hoch.

Die runden Blütenköpfe der großen Pflanze tragen oben einen Kranz violetter Blüten, die etwas an eine Königskrone erinnern. Das kugelige Köpfchen darunter ist mit Hüllblättchen bedeckt, die an ihren Spitzen kräftige Haken haben. Dadurch bleiben die Blütenköpfe und damit die Samen im Fell von Tieren hängen.

Die Klette ist an Wegrändern und auf Schuttplätzen keine Seltenheit.

Mit Häkchen bleiben die Blütenköpfe im Fell hängen. Die Tiere – wie hier der Fuchs – sorgen so für die Verbreitung.

Blütenköpfe mit violetten Blüten

Mach mit!

Die kugeligen Köpfe der Klette eignen sich zum Spielen. Aber bitte nicht in die Haare werfen, denn es ist sehr schmerzhaft, sie wieder zu entfernen. Wenn ihr euch aber alte Decken umhängt, könnt ihr euch mit den Kletten bewerfen und später zählen, wer die meisten Treffer hat. Außerdem könnt ihr auf einer Decke schöne Muster legen und diesen Schmuck an die Wand hängen.

Unser Tipp:

Aus den grünen Blättern der Wasserminze kannst du einen leckeren Tee zubereiten: Übergieße die frischen oder getrockneten Blätter mit kochendem Wasser. Lasse diesen Tee etwas ziehen und süße ihn nach deinem Geschmack mit Honig oder Zucker.

Die Wasserminze

blüht von Juli bis Oktober und wird 20 bis 90 cm hoch.

Die Wasserminze erkennst du vor allem an ihrem intensiven Duft. Der kommt aus den grünen Laubblättern, die besonders stark riechende Öle enthalten. Die einzelnen violetten Blütchen bilden dichte rundliche Blütenstände. Sie sitzen an der Spitze der Pflanze und auf ihren Seitentrieben.

Wie der Name schon sagt, findest du die Wasserminze vor allem an Bächen und Gräben. Aber sie wächst auch an vielen anderen nassen Stellen.

Wasserminzentee selbst gemacht – mmh, der schmeckt!

Der Wiesensalbei

blüht von April bis August und wird 30 bis 60 cm hoch.

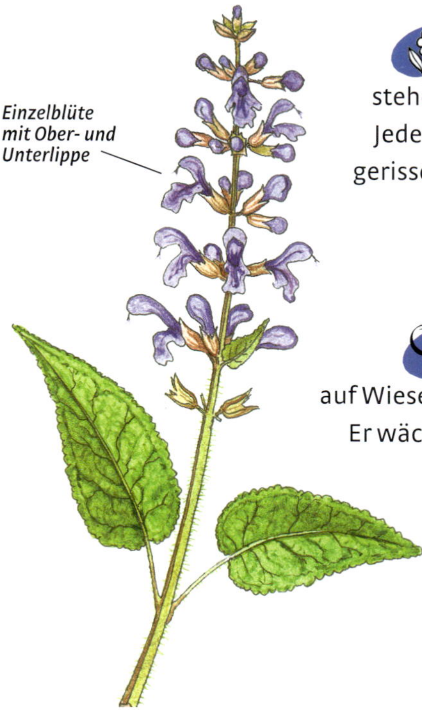

Immer vier bis acht blaue Blüten stehen in Kreisen um den Stängel herum. Jede einzelne Blüte sieht aus wie ein aufgerissenes Maul mit Ober- und Unterlippe. Die Blütenform erinnert an die Blüten der Taubnessel.

Den Wiesensalbei entdeckst du auf Wiesen, an Wegrändern und Böschungen. Er wächst am liebsten auf steinigen Böden.

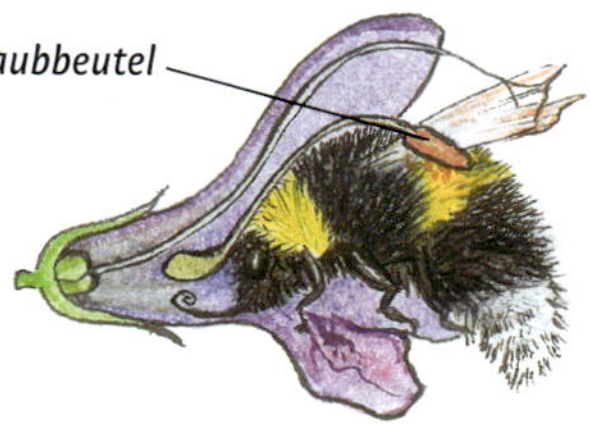

Die Hummel wird beim Nektarnaschen mit dem Staubbeutel bepudert. So trägt sie den Blütenstaub als blinden Passagier zur nächsten Blüte.

Mach mit!

Mit diesem kleinen Experiment kannst du beobachten, was passiert, wenn eine Hummel eine Blüte besucht. Berühre den Rachen der Blüte vorsichtig mit einem spitzen Bleistift. Jetzt kannst du sehen, wie sich die Staubbeutel herabneigen. In dieser Stellung würden sie den Rücken einer Hummel berühren.

Mach mit!

Schon mit bloßem Auge kannst du auf den Blättern feine Härchen sehen. Das sind die so genannten Brennhaare. Mit einer Lupe kannst du sogar genau beobachten, was passiert, wenn du mit einem Stift an die Härchen stößt. Die winzigen Köpfchen brechen ab und aus den starren Haaren tritt der Brennsaft aus.

Die Brennnessel

blüht von Juni bis Oktober und wird 30 cm bis 1,50 m hoch.

Diese Pflanze kennst du bestimmt! Fast jeder hat schon einmal eine unangenehme Erfahrung mit ihren „brennenden" Blättern gemacht. Doch wusstest du, dass diese Pflanze die wichtigste Futterpflanze für die Raupen des Tagpfauenauges ist? Ohne Brennnesseln gäbe es diesen wunderschönen Schmetterling nicht.

Die Brennnessel wächst an Wald- und Wegrändern, aber sie breitet sich auch in der Stadt, auf Schuttplätzen und altem Ackerland immer weiter aus.

So sieht ein Brennhaar vergrößert aus.

Wenn du gegen ein Blatt stößt, bricht das winzige Köpfchen des Brennhaares ab (links) und der brennende Saft läuft heraus (rechts).

Der Frauenmantel

blüht von Mai bis September und wird 10 bis 40 cm hoch.

Die hellgrünen Blüten des Frauenmantels sind sehr unscheinbar. Du kannst ihn aber an seinen handförmigen grünen Blättern leicht bestimmen. Seinen Namen hat der Frauenmantel von der Form seiner Blätter. Sie erinnern ja wirklich ein wenig an einen Mantel, oder?

Der Frauenmantel wächst auf Wiesen, in Wäldern, an Gräben und Böschungen. Im Bergland ist er besonders weit verbreitet.

Die Wassertröpfchen am Blattrand des Frauenmantels sehen aus wie kleine Perlen.

Schon gewusst?

Die Blätter des Frauenmantels bieten dir morgens bei feuchter Luft einen wunderschönen Anblick: Kleine Wasserperlen in gleichmäßigen Abständen zieren dann die Zähnchen an den Blatträndern. Die Tröpfchen sind das Wasser, das der Frauenmantel abgibt, das aber in der feuchten Luft nicht sofort verdunstet.

Der Aronstab

blüht von April bis Juni
und wird 10 bis 40 cm hoch.

Schon gewusst?

Der Aronstab hat einen besonderen Trick, um seinen Blütenstaub zu verteilen: Kleine Insekten, die abends durch seinen unangenehmen fauligen Geruch angelockt werden, rutschen an dem großen Blatt herunter. Sie landen in dem so genannten Kessel wie in einer Falle. Dort ist es zwar warm und es gibt viel Pollen, aber heraus können die Tiere erst wieder, wenn der Aronstab verwelkt ist.

Den Aronstab erkennst du an seiner auffälligen Gestalt: ein einzelnes, großes, hellgrünes Blatt, das an eine Tüte erinnert, und ein einzelner braunroter Kolben, der daraus hervorschaut. Wenn der Aronstab Früchte trägt, sieht er wieder völlig anders aus. Dann bleibt nur noch ein dicker grüner Stängel, an dessen Spitze rote Beeren sitzen.

Du findest den Aronstab vor allem in Laubwäldern und Gebüschen, in denen auch viele andere Frühlingsblumen blühen.

giftig

Die roten Beeren erscheinen im Spätsommer.

Die Tollkirsche ☠

blüht von Juni bis August und wird 50 cm bis 1,50 m hoch.

Die Blüten der Tollkirsche sind grün-violett und hängen wie Glöckchen herab. Doch viel auffälliger sind die glänzenden schwarzen Beeren. Diese Pflanze solltest du unbedingt kennen lernen. Sie ist die giftigste unserer heimischen Pflanzen. Alles an ihr ist giftig, daher solltest du sie auf gar keinen Fall anfassen!

Die Tollkirsche wächst vor allem auf Waldlichtungen und an Waldrändern.

Vorsicht! Die schwarzen Beeren der Tollkirsche sind tödlich giftig!

Finger weg!

Die Beeren der Tollkirsche sind besonders heimtückisch, denn sie sehen so verlockend aus und schmecken nicht mal unangenehm. Doch du darfst sie auf gar keinen Fall probieren! Schon wenige Beeren haben eine tödliche Wirkung! Nur der Notarzt kann vielleicht noch helfen.

Der Breit-Wegerich

blüht von Juni bis Oktober
und wird 10 bis 30 cm hoch.

Die Blüten des Breit-Wegerichs sind sehr klein und unscheinbar. Sie sitzen an der Spitze eines Stängels, der keine Blätter hat. Die Blätter liegen dicht über dem Boden. Eine Besonderheit des Breit-Wegerichs sind seine bei feuchtem Wetter klebrigen Samen.

Du kannst den Breit-Wegerich nahezu überall finden. Er besiedelt Wege und Wiesen, Schotterflächen und sogar Sportplätze.

Schon gewusst?

Die Samen bleiben oft auch an Schuhsohlen kleben und werden so weit verbreitet. Die Indianer nannten den Breit-Wegerich deshalb auch den „Fußtritt des weißen Mannes". Bevor die Europäer nach Amerika kamen, gab es dort nämlich keinen Breit-Wegerich. Sie haben ihn mit ihren schmutzigen Schuhen unbemerkt mitgebracht.

Register

Schnelle Suche mit Stichwörtern

KOSMOS

Wissen zum Quizzen!

Tierspuren
ISBN 3-440-10276-9

Pferde und Ponys
ISBN 3-440-10272-6

Welche Spuren hinterlässt eine Ringelnatter? Wie klein ist das kleinste Pony der Welt? Warum leuchten Glühwürmchen? Die richtige Antwort zeigt dir der Spiegel! So kannst du allein oder mit Freunden spielend die Natur entdecken. Auf zusätzlichen Themenseiten lernst du alles, was ein echter Natur-Entdecker wissen sollte.

In der Reihe sind außerdem erschienen:

- Bäume ISBN 3-440-10277-7
- Gartentiere ISBN 3-440-10275-0
- Singvögel ISBN 3-440-10273-4
- Insekten ISBN 3-440-10274-2

Jeder Band mit 80 Seiten
Je € 5,95; €/A 6,20; sFr 10,70
Preisänderung vorbehalten

www.kosmos.de

Bestimmen mit dem Kosmos-Farbcode

Blumen mit roten Blüten

Kuckuckslichtnelke
Seite 38

Klatschmohn
Seite 39

Waldweidenröschen
Seite 40

Blumen mit blauen oder violetten Blüten

Leberblümchen
Seite 44

Veilchen
Seite 45

Stängelloser Enzian
Seite 46

Lungenkraut
Seite 50

Gamander-Ehrenpreis
Seite 51

Klette
Seite 52

Blumen mit grünen oder unscheinbaren Blüten

Brennnessel
Seite 55

Frauenmantel
Seite 56

Aronstab
Seite 57